COCINA
ESPAÑOLA

COCINA
ESPAÑOLA

Jacki Passmore

Índice

Introducción

A los españoles les encanta comer; lo hacen a menudo, en cantidad y con entusiasmo. El desayuno suele ser poco copioso, a base de chocolate caliente o café con churros, o bien pastas o tostadas (los huevos, el bacon y los cereales sólo se encuentran en los hoteles). Sobre las once de la mañana, toman otro café, con algún dulce. A la una del mediodía, cuando las tiendas y las oficinas cierran para comer, hay quien entra en un bar y toma una bebida acompañada de una tapa o un tentempié, antes de irse a casa a comer y dormir la siesta o de reunirse con amigos o compañeros de trabajo en un restaurante. La comida es, en la mayoría de los casos, el festín principal del día, y se toma entre las dos y las tres de la tarde. Normalmente, consta de tres platos, empezando por una sopa y un panecillo, seguidos de un plato de verduras o pescado y, para terminar, un sustancioso segundo plato. Después, se toman postre y café, aunque a veces es común ir a hacerlo a otro restaurante. Y, por supuesto, ¡no olvidemos el vino! Evidentemente, los comercios y los negocios no vuelven a abrir sus puertas hasta más tarde de las cuatro, y eso siempre es relativo porque la puntualidad no ocupa uno de los primeros puestos de la lista de prioridades.

Pero esta es sólo la mitad de la jornada gastronómica. La merienda, o equivalente español al té de las cinco en Inglaterra, consiste en tomar un café o un té con alguna pasta, a media tarde, en cafeterías o bares. Después, cuando cierran los negocios y las tiendas a última hora, los españoles vuelven al bar a tomar alguna tapa o un tentempié. Y sobre las diez de la noche, los restaurantes vuelven a abrir para una entusiasta clientela que se dispone a tomar la cena. A los españoles les gustan mucho las sopas, pero también les encantan los platos a base de huevos, los pescados a la plancha, las ensaladas y las verduras como primeros platos. Normalmente, la verdura se toma como un plato solo, y el segundo plato viene con su propia guarnición de patatas o vegetales como acompañamiento. Después de la cena, algunas personas también toman el café en otro restaurante o cafetería.

Si los hábitos alimenticios de un país son el reflejo del carácter de sus habitantes, los españoles son, sin lugar a dudas, personas alegres y amantes de la diversión.

La cocina española

Las laderas rocosas de suelo grisáceo y vegetación dispersa, presentes en muchas regiones españolas, son más propicias para el crecimiento de olivos y viñas y el pasto de ovejas y cabras, que para el ganado vacuno o el desarrollo de cultivos cosechados. Las altas llanuras sufren grandes cambios climáticos de una estación a otra, y los cultivos se han adecuado para soportar dichas condiciones. En estos lugares, en el paisaje rural predominan hileras e hileras de alegres girasoles, extensos campos de trigo mecido por el viento e inmensos campos de cebollas y ajos. Los animales, en su mayor parte cerdos y terneros, se utilizan para guisar, mientras que los más pequeños se preparan normalmente a la brasa o rustidos.

La disponibilidad de ingredientes siempre dicta el desarrollo de un tipo de gastronomía, con lo que podremos apreciar distintos enfoques entre las diversas regiones españolas. Las zonas costeras trabajan con una gran variedad de pescado y marisco. Hacia el norte, predominan los pescados grandes de agua fría, las anguilas, los cangrejos gigantes y una infinidad de moluscos. Las provincias mediterráneas también disfrutan de una gran abundancia de productos, como el salmonete, la cigala o los mejillones, entre otros. Los españoles son grandes amantes de los embutidos de todas clases, elaborados con cerdo curado. El rey es el jamón de Jabugo, cortado en finas lonchas para la elaboración de bocadillos, tapas o como ingrediente de todo tipo de platos. El jamón ibérico, de pata negra, es el mejor entre todas las variedades de jamón. La gran demanda actual ha implicado el cruce de varias especies, para cumplir con las exigencias del mercado, y la calidad se mantiene por una concesión de denominaciones de origen, otorgadas por el Ministerio de Agricultura. El chorizo, elaborado con pimentón y ajo, se puede tomar como embutido o en guisos, y también con arroz y alubias, para dar ese sabor único a los platos españoles. El mejor, y más consistente, es el de Salamanca, aunque para quienes prefieran una textura más fina, el ideal será el de Pamplona. El cerdo también se prepara en distintos tipos de salchicha fresca en cada comunidad autónoma, siendo la butifarra catalana una de las mejores, aunque para un sabor más intenso y sustancial, algunos preferirán la morcilla, elaborada con arroz.

La carne de ave, muy popular desde hace muchísimos años, sigue siendo una importante fuente de alimentación en España. El conejo es tierno y de sabor suave. Una gran diversidad de aves, como la codorniz, el faisán o la perdiz, es carne de caza para la olla, y la afición por el deporte de la caza es tanta, que en muchas zonas rurales hay carteles que restringen o limitan su práctica. A los españoles les gustan las combinaciones atrevidas en sus platos. La carne de

vacuno se mezcla con la de ave, o con el pescado y el marisco. A las recetas de carne o pescado se les añaden huevos. Hay salsas sabrosas con un toque dulce y afrutado. La guindilla picante, el potente comino introducido en España por los moriscos, y el aromático azafrán se insinúan al paladar en muchos platos. El amor de los españoles por el ajo, y por los pimientos dulces y picantes, rojos y verdes, transciende de distintas formas en las distintas regiones. Su entusiasta utilización en una amplia variedad de platos, con su sorprendente variación en el efecto y el sabor, es lo que, por encima de todo, otorga a la cocina española su carácter nacional. Es una cocina práctica, basada en ingredientes básicos de buena calidad y preparaciones simples, que crean pocos problemas a la hora de preparar la comida.

Tapas

Coca Mallorquina

4-6 raciones

MASA

27 g de levadura fresca (o un sobre de
    12 g de levadura en polvo)

3 cucharadas soperas de leche entera,
    tibia

625 g de harina de trigo

1 1/2 cucharaditas de sal

3 cucharadas soperas de aceite de oliva

agua fría

RELLENO

3 pimientos rojos, sin semillas y cortados
    a rodajas finas

2 tomates grandes maduros, cortados a
    rodajas

1 cebolla grande, cortada a rodajas finas

2 dientes de ajo, picados

2 cucharaditas de hierbas variadas al
    gusto

1 cucharada sopera de perejil picado

sal y pimienta

12 filetes de anchoa en aceite

Para hacer la pasta: Batir la levadura con la leche hasta formar espuma, y dejar reposar durante 10 minutos. Tamizar la harina y la sal en un bol. Abrir un hoyo en el centro, verter el aceite y añadir la mezcla de levadura y leche. Agregar una cantidad suficiente de agua fría como para formar una masa suave. Trabajarla sobre una tabla durante unos cinco minutos, o hasta que se vuelva suave y elástica. Volver a ponerla en el bol, taparla con un paño y dejarla reposar a temperatura ambiente durante una hora.

Trabajar de nuevo la masa suavemente, y darle forma redonda o rectangular con los dedos. Ponerla en un molde grande, previamente engrasado y enharinado.

Repartir los pimientos, los tomates y la cebolla por encima de la masa. Añadir el ajo, las hierbas, el perejil, y una cantidad generosa de sal y pimienta. Cortar las anchoas longitudinalmente para formar tiras finas, y colocarlas en zigzag por encima de la coca. Hornear a 190° hasta que la masa se dore. Cortar en porciones y servir inmediatamente.

Tortilla española

6 raciones

5 cucharadas soperas de aceite de oliva

3 patatas grandes, peladas y cortadas a rodajas finas

1 cebolla mediana, cortada a rodajas muy finas

6 huevos batidos

sal y pimienta negra

En una sartén antiadherente de 23 centímetros de diámetro, calentar la mitad del aceite y freír las patatas hasta que se doren muy ligeramente y se ablanden un poco. Es muy importante que no queden crujientes ni secas por los bordes. Retirar del fuego o apartar a un lado de la sartén.

Freír la cebolla hasta que quede tierna y ligeramente dorada. Retirar de la sartén con ayuda de una espumadera y añadirla, junto con las patatas, al huevo batido, salpimentando al gusto. Volver a calentar la sartén con el aceite restante y, cuando la temperatura sea muy alta, verter el huevo con las patatas y la cebolla. Bajar la intensidad del fuego y cocinar suavemente hasta que la parte inferior esté dorada y firme. Con una espátula, de no más de cuatro centímetros de ancho, dar forma a los bordes para que la superficie quede uniforme y no descienda por la parte externa.

Seleccionar un plato del mismo tamaño de la tortilla, y que encaje en el borde de la sartén. Colocarlo encima de la tortilla e invertir la sartén, de forma que la tortilla pase al plato. Volver a colocar la sartén en el fuego y deslizar la tortilla por el plato para volver a ponerla en la sartén y cocinarla por el otro lado, hasta que quede firme al tacto. Volver a invertirla o deslizarla a una bandeja para servir, y cortarla en porciones.

VARIACIÓN Al huevo se le pueden añadir hierbas picadas, como cebollino o perejil.

Almejas a la marinera

4 raciones
1,2 kg de almejas frescas, en remojo toda una noche
2 cucharadas soperas de aceite de oliva
1 cebolla mediana, picada muy fina
2 tomates maduros grandes, sin semillas y picados
4 dientes de ajo, picados
375 ml de vino blanco seco
1 cucharadita de azúcar
sal y pimienta
1 cucharada sopera de perejil picado

Escurrir las almejas y eliminar los posibles restos de arena debajo del grifo. En una cazuela grande, calentar el aceite y rehogar la cebolla hasta que quede dorada y tierna. Añadir el tomate y sofreír hasta que se forme una pasta espesa. Añadir el ajo, el vino, el azúcar, la sal, la pimienta y 250 ml de agua. Agregar las almejas, tapar la cazuela y cocinar a fuego lento, agitando de vez en cuando para que las almejas se abran,

Ir retirando las almejas a medida que se vayan abriendo, y seguir cocinando el resto; descartando las que no lo hagan. Hervir la salsa a fuego vivo hasta que quede bien reducida. Verterla por encima de las almejas y añadir el perejil. Servir con gajos de limón.

Croquetas de pescado a la valenciana

18-24 unidades
500 g de de pescado blanco (bacalao o abadejo) en filetes gruesos, cortados a dados
2 escalonias, picadas muy finas
1 cucharada sopera de eneldo fresco picado
3 rebanadas de pan blanco sin corteza
2 huevos
1 cucharada sopera de licor de anís (opcional)
1-2 cucharadas soperas de harina de patata o de copos de patata deshidratada
sal y pimienta
75 g de harina de trigo
125 g de pan rallado
500 ml de aceite de oliva o vegetal

Triturar el pescado y las escalonias en una batidora, hasta formar una pasta suave. Añadir el eneldo, el pan, un huevo, el anís, y la harina de patata. Seguir batiendo hasta formar una pasta espesa, y salpimentar al gusto. Dar forma de pequeñas croquetas a la masa. En un recipiente, batir el otro huevo. Enharinar las croquetas, empaparlas con el huevo y rebozarlas con el pan rallado. Guardarlas en el frigorífico durante una hora. Freírlas en abundante aceite hasta que se doren.

Gambas al pil pil

6 raciones
125 ml de aceite de oliva
2 dientes de ajo, picados muy finos
1 guindilla picante pequeña, sin semillas y picada muy fina
1 cucharadita de pimentón
24 gambas, peladas

Calentar dos cazuelitas en el horno y añadir el aceite, el ajo, la guindilla y el pimentón. Cuando estén muy calientes, añadir las gambas y cocerlas bajo el calor directo durante algunos segundos.

Llevar las cazuelitas a la mesa, poniéndolas sobre tablas de madera para proteger la mesa del intenso calor. Las gambas todavía estarán chisporroteando. Dejar que se enfríen ligeramente antes de comer, y servir con pan crujiente o tostado.

NOTA Una cazuelita es un recipiente de barro que se puede utilizar en el horno, en el fuego y en el microondas.

Verduras y hortalizas

Tumbet

6 raciones
2 berenjenas medianas, cortadas a rodajas
sal
125 ml de aceite de oliva
2 patatas grandes, peladas y cortadas a rodajas
2 pimientos verdes, pelados y cortados a rodajas

5 dientes de ajo, pelados y picados
1 cebolla mediana, picada
6 tomates maduros, pelados y picados
1 hoja de laurel
1 ramita de tomillo fresco
1 ramita de perejil fresco
pimienta
20 g migas de pan tierno
gajos de limón, para decorar

Extender las rodajas de berenjena sobre un paño y espolvorear la sal por encima. Dejar reposar durante diez minutos, y luego aclararlas y secarlas bien. En una sartén, calentar el aceite y freír las patatas hasta que se doren, y retirarlas del fuego. Freír la berenjena y retirarla del fuego. Extender las rodajas de berenjena, superpuestas, en un molde para flanes con los lados inclinados. Freír los pimientos hasta que se ablanden y retirarlos del fuego. Freír ligeramente el ajo. Colocar todas las hortalizas en el molde y reservar.

Freír la cebolla picada en la misma sartén, hasta que quede tierna. Añadir el tomate, las hierbas y la pimienta, y rehogar hasta que se forme una salsa espesa. Verterla por encima de las hortalizas. Si no se desea invertir el molde, freír el pan en aceite de oliva y ponerlo encima de las hortalizas.

En el horno precalentado a 200°, hornear el tumbet durante 15-20 minutos. Retirarlo y dejarlo reposar durante unos minutos, e invertirlo sobre una bandeja para servir, decorándolo con los gajos de limón. Servir caliente o, si se prefiere, dejarlo enfriar a temperatura ambiente.

NOTA Para que este plato, típico de Mallorca, tenga su aspecto de flan vegetal más atractivo, extender las rodajas de berenjena en el plato, de forma que el tumbet invertido quede completamente recubierto por las rodajas superpuestas.

Calabacines fritos en salsa vinagreta

6 raciones
6 calabacines medianos
2 cucharaditas de sal
125 g de harina de trigo
250 ml de aceite de oliva
2 cucharadas soperas de vinagre de vino blanco o tinto
1 buen pellizco de sal
6 cucharadas soperas de aceite de oliva
4 láminas de diente de ajo
7 g de hojas de albahaca fresca, picadas
1/2 guindilla picante, cortada a rodajas finas

Cortar los calabacines a rodajas, longitudinalmente, y colocarlos sobre un paño de cocina. Espolvorear la sal por encima y dejarlos reposar durante 15 minutos. Aclararlos, escurrirlos y secarlos bien. Enharinarlos ligeramente y freírlos hasta que se doren. Retirarlos del fuego y secarlos sobre papel de cocina.

Para preparar la vinagreta: mezclar el vinagre, la sal y seis cucharadas soperas de aceite de oliva. Añadir después el ajo, la albahaca picada y la guindilla. Poner el calabacín en un plato de cristal y verter la salsa por encima. Dejar marinar durante al menos una hora, antes de servir el plato a temperatura ambiente.

NOTA Esta receta también puede prepararse con berenjenas pequeñas en lugar de los calabacines.

Champiñones salteados

4 raciones
500 g de champiñones frescos
60 ml de aceite de oliva o mantequilla
1-2 dientes de ajo, picados (opcional)
1 cucharada sopera de perejil molido
zumo de limón
sal y pimienta

En una sartén, saltear los champiñones en el aceite o la mantequilla durante unos cuatro minutos. Añadir el ajo y el perejil y freír unos segundos más. Añadir después el zumo de limón y salpimentar al gusto. Servir inmediatamente.

Menestra de verduras

4 raciones
1 cebolla mediana, cortada a rodajas muy
   finas
125 ml de aceite de oliva
300 g de jamón serrano o del país
1,2 l de caldo de carne
20 patatas pequeñas
280 g de guisantes pequeños

16 vainas de guisantes dulces
4 hojas de lechuga, ralladas
sal y pimienta
90 g de tocino o bacon, cortado a dados
1 cebolla pequeña picada
280 g de habitas baby
2 cucharadas soperas de harina de trigo
16 espárragos blancos o trigueros

Para preparar los guisantes y las patatas: En una cacerola, calentar tres cucharadas soperas de aceite de oliva y saltear la cebolla hasta que adquiera un tono más fuerte. Cortar el jamón en cuatro lonchas, y trocear una de ellas a tacos pequeños. Añadirlos a la cebolla y sofreír durante 4-5 minutos más. Agregar 750 ml de caldo, llevar a ebullición y cocer a fuego lento durante media hora. Añadir las patatas y las dos clases de guisantes, con la mitad de la lechuga rallada. Cocer a fuego lento hasta que se ablanden las verduras y salpimentar al gusto.

Para preparar las habitas: Saltear el bacon y la cebolla picada en dos cucharadas soperas de aceite, hasta que la cebolla quede tierna y dé un color más fuerte. Añadir 500 ml de caldo y llevar a ebullición. Agregar las habitas y el resto de la lechuga, y cocer a fuego lento hasta que se ablanden. Mezclar la harina con un poco de agua fría y añadirla a la salsa para que espese. Salpimentar al gusto.

Para preparar los espárragos: Cortar los tallos de forma que queden las puntas de unos 7,5 cm, y hervirlos en agua con un poco de sal. Escurrirlos. Freír las lonchas de jamón hasta que queden crujientes y doradas.

Colocar las verduras en platos separados. Servir los espárragos con el jamón por encima.

VARIACIÓN Si se desea, se pueden escalfar cuatro huevos en agua con un poco de sal y una cucharada de vinagre. Cuando estén cocidos, pero con la yema aún blanda, retirarlos con una espumadera y servirlos con las verduras.

Este plato también se puede servir con rodajas de huevo duro como decoración.

Espinacas a la catalana

4-6 raciones
1 kg de espinacas frescas
45 g de piñones
90 g de pasas
60 ml de aceite de oliva
1 pellizco de sal

Quitar los tallos de las espinacas y descartarlos. Lavar bien las hojas y escurrirlas. Ponerlas en una cacerola tapada, y cocinarlas a fuego lento durante cinco minutos, o hasta que se ablanden. Escurrir bien. En una sartén, calentar el aceite y freír los piñones y las pasas hasta que éstas últimas queden blandas y los piñones dorados. Añadir las espinacas y remover vigorosamente a fuego vivo. Sazonar con la sal y servir inmediatamente.

Patatas a la riojana

4 raciones

4 patatas grandes, peladas y troceadas

60 ml de aceite de oliva

250 g de chorizo para cocinar

1 cebolla mediana, cortada a rodajas finas

1 diente de ajo, picado muy fino

2 cucharaditas de pimentón dulce

1 guindilla fresca pequeña, sin semillas y picada

375 ml de agua fría

sal y pimienta

Saltear las patatas en el aceite, hasta que hayan adquirido un tono dorado. Retirar y dejar reposar. Freír el chorizo en la misma sartén hasta que se dore por fuera. Retirar. Saltear el ajo y la cebolla hasta que se doren.

Cortar el chorizo a rodajas y volver a ponerlo en la sartén, junto con el pimentón y la guindilla. Rehogar brevemente y añadir las patatas con el agua. Salpimentar al gusto.

Tapar bien y cocer hasta que las patatas estén tiernas.

VARIACIÓN Con un poco más de caldo, este plato se puede servir como una sopa.

Pimientos rellenos

6-8 raciones
6-8 pimientos rojos pequeños
2 cucharadas soperas de aceite de oliva, y una pequeña cantidad extra
para untar los pimientos
60 g de cebolla picada
2 dientes de ajo, picados muy finos
150 g de tomate, pelado y triturado
2 guindillas rojas, sin semillas y picadas
12 mejillones, hervidos y troceados
250 g de almejas lavadas
1 cucharada sopera de perejil picado
sal y pimienta negra recién molida
60 g de arroz blanco hervido

Precalentar el horno a 200°. Untar los pimientos con un poco de aceite de oliva y colocarlos en una bandeja para el horno. Asarlos durante 15 minutos. Cortar la parte superior de los pimientos y reservarla. Quitar las semillas.

Calentar dos cucharadas soperas de aceite de oliva en una sartén a fuego medio, y saltear el ajo y la cebolla hasta que adquieran un tono transparente. Añadir los tomates y las guindillas y rehogar hasta que se reduzca a una salsa fina. Añadir los mejillones, las almejas, y el perejil, y salpimentar al gusto. Retirar del fuego y mezclar con el arroz.

Precalentar el horno a 190°. Rellenar los pimientos con el arroz, sin poner demasiada cantidad, ya que necesita espacio para expandirse. Recolocar la parte superior de cada pimiento. Ponerlos en una bandeja para el horno y untarlos con un poco de aceite de oliva. Hornear hasta que estén bien calientes, durante 10-15 minutos. Servirlos calientes.

Pescado y marisco

Caldereta

6-8 raciones
1 kg de lubina
500 g de merluza, fletán o bacalao, en
   filetes
6 calamares frescos
6 mejillones frescos
12 almejas frescas
12 gambas frescas
6 cigalas
1 cebolla mediana, picada

90 ml de aceite de oliva
1 pimiento rojo mediano, sin semillas y
   picado
2 tomates grandes maduros, sin semillas
   y picados
1 guindilla picante seca
2 hojas de laurel
2 ramitas de perejil fresco
5 granos de pimienta negra
1 pellizco de azafrán en polvo

Poner la lubina y la merluza en una cazuela grande y añadir agua para que el pescado quede cubierto. Cocer a fuego lento durante cuatro minutos, y retirar con cuidado. Despegar la carne de la espina. Volver a poner la espina y la cabeza del pescado en la cazuela y seguir cociendo durante otros seis minutos. Traspasar el caldo a una jarra. Limpiar los calamares y cortarlos a aros. Aclarar la cazuela y poner todo el marisco dentro. Añadir un litro de agua fresca y llevar a ebullición a fuego medio. Agitar la cazuela para que las conchas de los moluscos se abran. Retirarla del fuego.

Colar el líquido en la jarra del caldo. Tirar los moluscos que no se hayan abierto y retirar la parte superior de las conchas del resto. Pelar las gambas y las cigalas.

Volver a aclarar la cazuela y sofreír la cebolla en el aceite hasta que se ablande y cambie de color. Añadir la pimienta y freír unos minutos. Seguidamente, agregar el tomate y el resto de ingredientes, excepto el azafrán, y guisar durante 3-4 minutos más. Añadir el caldo y el azafrán y llevar a ebullición. Dejar en el fuego durante 5-6 minutos. Volver a poner el pescado y el marisco en la cazuela y guisar durante 3-4 minutos más antes de servir, con mucho pan crujiente y gajos de limón.

Changurro al horno

6-8 raciones
4 changurros (centollos vascos) hervidos, de 500-750 g cada uno, o 500 g de carne de cangrejo
1 cebolla grande, picada muy fina
1 zanahoria pequeña, pelada y rallada
2 cucharadas soperas de aceite de oliva
1 diente de ajo, picado muy fino
1/2 guindilla roja fresca, sin semillas y picada muy fina
1 cucharadita de pimentón dulce
1 tomate grande, pelado, sin semillas y picado
1 cucharadita de concentrado de tomate
125 ml de vino blanco seco
2 cucharadas soperas de brandy o jerez seco
1 cucharada sopera de perejil, picado muy fino
sal y pimienta
45 g de pan rallado
1 cucharada sopera de mantequilla

Cortar la parte inferior de los changurros, separar la carne de las partes no comestibles y desmenuzarla. Extraer el hígado y reservar, junto a la carne. Limpiar los caparazones de los crustáceos y ponerlos en una bandeja para el horno. Extraer la carne de las patas. Saltear la cebolla y la zanahoria en aceite durante cinco minutos. Añadir el ajo, la guindilla y el pimentón, y sofreír unos segundos más. Añadir el tomate y el concentrado de tomate y guisar, removiendo de vez en cuando, durante tres minutos. Añadir el vino y el brandy, la carne de changurro, el perejil, la sal y la pimienta. Cocer durante 3-4 minutos. Agregar el hígado. Repartir entre los caparazones de los changurros y espolvorear el pan rallado por encima, coronándolo con una pizca de mantequilla. En el horno precalentado a 200º, hornear hasta que se doren, durante unos 12 minutos. Servir inmediatamente, acompañados de ensalada verde.

NOTA Se puede servir como primer plato, cocinado en conchas más pequeñas o en tazones individuales durante unos ocho minutos.

Paella valenciana

6 raciones

500 g de carne de pollo (preferiblemente, del muslo)

250 g de carne magra de cerdo

sal

125 ml de aceite de oliva

1 tomate grande, pelado, sin semillas y picado

3 dientes de ajo, pelados y picados

1 pellizco de pimentón dulce

75 g de guisantes frescos

125 g de judías verdes

12 caracoles frescos o de lata

500 g de arroz blanco de grano corto

1,5 l de agua hirviendo

8-10 hebras de azafrán

sal y pimienta

12 almejas, lavadas y escurridas

6 mejillones, lavados y escurridos

3 calamares pequeños, lavados y cortados a aros

6 langostinos o gambas

Cortar el pollo en trozos pequeños y el cerdo a dados. Sazonar con sal y dorar en aceite de oliva, en una paella o en una sartén grande y plana. Añadir el tomate, el ajo y el pimentón, y sofreír a fuego medio durante dos minutos. Añadir los guisantes, las judías y los caracoles, y después el arroz, y cocer unos segundos. Añadir la mitad del agua hirviendo y seguir guisando hasta que quede parcialmente absorbida por el arroz. Machacar el azafrán con dos cucharadas soperas de agua hirviendo y añadirlo al arroz, con la sal y la pimienta. Agregar el resto del agua caliente al arroz y guisar hasta que el agua se haya absorbido parcialmente. Poner las almejas, los mejillones, los calamares y los langostinos encima del arroz y cocer hasta que el arroz quede tierno, añadiendo agua si es necesario. Cuando esté listo, el arroz estará más empapado y blando. Colocar los crustáceos encima de la paella y servirla en la misma sartén, con los limones cortados.

NOTA Si se prefiere, se puede escaldar el marisco en el agua para acentuar el sabor de la paella. Tradicionalmente, las verduras quedan muy cocidas en esta receta. Si se prefieren más crudas, hay que añadirlas en los cinco últimos minutos de cocción.

La paella recibe su nombre de la paellera, un recipiente de hierro de poca profundidad que se utiliza para cocinar este clásico del arroz, conocido internacionalmente como el orgullo de la cocina valenciana. Normalmente, es de metal o de barro cocido, el cual se prefiere ya que absorbe una multitud de sabores en cada una de sus visitas al fuego, y además mantiene la temperatura

en la mesa. Las paelleras de metal suelen tener dos formas. Una, con lados altos y dos asas; y la otra (utilizada en muchos restaurantes, sobre una superficie de acero y con un receptáculo para las cáscaras) es más honda, con un asa curvada a cada lado.

Rape al Pedro Ximénez

4 raciones
750 g de rape troceado
sal y pimienta
75 g de harina de trigo
1 cebolla mediana, picada
90 ml de aceite de oliva
90 g de pasas
125 ml de jerez dulce Pedro Ximénez
180 ml de caldo de pescado
1 cucharadita de perejil picado

Cortar el rape en trozos cuadrados de cinco centímetros. Salpimentar y enharinar ligeramente. En una cazuela, calentar una cucharada sopera de aceite de oliva y sofreír la cebolla hasta que se ablande y cambie de color. Añadir las pasas y sofreír hasta que queden tiernas. Retirar del fuego.

Freír el pescado en el mismo aceite hasta que se dore ligeramente por las dos caras. Volver a poner la cebolla en la cazuela, añadir el jerez, y rectificar de sal y pimienta. Cocer a fuego vivo para reducir el jugo. Añadir el caldo de pescado, bajar el fuego y guisar a fuego lento hasta que el pescado esté meloso, durante unos 12 minutos. Ponerlo en una bandeja para servir y espolvorear el perejil por encima.

NOTA Pedro Ximénez es una marca española de jerez dulce. Se pueden utilizar otras variedades en esta receta.

El rape se puede reemplazar por cualquier otro pescado blanco, de carne firme.

Ostras fritas

4 raciones
36 ostras frescas pequeñas
el zumo de un limón
150 g de harina de trigo
2 huevos batidos
250 g de pan rallado
750 ml de aceite de oliva
gajos de limón

Retirar las ostras de sus conchas. Lavar y secar las conchas y reservarlas. Verter el zumo de limón por encima de las ostras y dejarlas reposar durante diez minutos. Secarlas sobre papel de cocina y enharinarlas ligeramente. Bañarlas en el huevo batido y rebozarlas con el pan rallado, y freírlas, aproximadamente en grupos de diez, hasta que queden doradas y crujientes.

Para servirlas, volver a colocarlas en las conchas y ponerlas en platos, con los gajos de limón y un poco de pan tostado.

NOTA Este plato también resulta excelente como tapa.

Aves

Perdices con farcellets de col

6 raciones

6 perdices, listas para rustir

180 ml de aceite de oliva

sal y pimienta

1 cebolla mediana, cortada por la mitad

6 dientes de ajo, pelados

150 ml de vino blanco seco

375 ml de caldo de pollo

1 hoja pequeña de laurel

1 ramita de canela

1 col grande

150 g de harina de trigo

1 huevo batido

aceite de oliva para freír

1,5 cucharadas soperas de coñac

Precalentar el horno a 200º. Lavar y secar las perdices, untarlas con un poco de aceite de oliva y salpimentarlas. Ponerlas en una cazuela para el horno, y agregar la cebolla, el ajo y el vino. Hornear, en la posición inferior, durante 15 minutos o hasta que el vino se haya evaporado. Añadir 250 ml de caldo de pollo, la hoja de laurel y la ramita de canela, y seguir asando durante 20-30 minutos más, o hasta que las perdices estén tiernas, echando el jugo por encima de ellas de vez en cuando.

Mientras tanto, separar las hojas de la col, y cortar el tallo central de cada una. Poner agua con un poco de sal a hervir, agregar la col y cocer a fuego lento hasta que esté tierna. Retirar y escurrir con cuidado.

Hacer los farcellets enrollando varias hojas de col juntas, en forma de pequeños paquetes. Presionar suavemente para que adquieran firmeza, recubrirlos con una capa de harina y bañarlos en el huevo batido. Volver a enharinarlos ligeramente. Calentar el aceite de oliva a fuego medio y freír los farcellets por los dos lados, hasta que queden dorados. Escurrir y espolvorear con sal y pimienta.

Retirar las perdices de la cazuela y cortarlas por la mitad. Colocarlas en una bandeja para servir, junto con los farcellets de col. Echar el coñac en la cazuela y hervirlo hasta que se evapore. Agregar el caldo restante y dejar que se reduzca todo a la mitad. Salpimentar al gusto, retirar la hoja de laurel, la rama de canela y la cebolla. Machacar el ajo y añadirlo a la salsa, y verterla por encima de las perdices. Servir inmediatamente.

NOTA Los farcellets de col también pueden acompañar a otras carnes rustidas, especialmente a la de cerdo y de pato.

Oca con peras

6-8 raciones
1 oca de 3-4 kg, lista para rustir
zumo de un limón
1 cebolla grande, picada muy fina
60 ml de aceite de oliva
150 g de bacon o jamón curado, picado
muy fino
4 dientes de ajo, pelados
1 hígado de oca, o higaditos de pollo o
pato, picados
1 hoja de laurel
30 g de piñones tostados, picados

90 g de pasas picadas
1 manzana ácida, pelada y cortada a
dados
125 ml de migas de pan tierno
vino blanco seco o sidra (opcional)
180 ml de caldo de pollo
6-8 peras firmes, peladas
250 ml de vino blanco seco
90 ml de coñac o licor de pera
250 g de azúcar lustre
1 rama de canela
1 cucharada sopera de harina de trigo

Frotar la piel de la oca con el zumo de limón y pinchar toda la superficie para eliminar el exceso de grasa durante la cocción. Ponerla en una cazuela o bandeja para el horno y rustirla durante 20 minutos, en el horno precalentado a 200°. Sofreír la cebolla en una sartén con aceite hasta que cambie de color. Añadir el bacon y saltear brevemente. Agregar el ajo y el hígado, y seguir salteando unos minutos más. Retirarlo todo de la sartén y añadir la hoja de laurel, los piñones, las pasas, la manzana y el pan. Mezclar bien. Si la combinación de ingredientes queda demasiado seca, agregar un poco de vino blanco o sidra.

Espumar la grasa de la cazuela. Rustir la oca durante 15 minutos más, a 190°. Retirarla del horno y añadirle el relleno preparado. Cerrarla con brochetas metálicas y volver a ponerla en la cazuela. Añadirle el caldo y hornearla a 200° durante 20 minutos. Después, bajar la temperatura y rustir hasta que la oca esté lista, calculando unos 50 minutos por cada kilo que pese. Añadir más agua o caldo, si es necesario, durante la cocción para evitar que se seque la cazuela. Mientras tanto, en una cacerola grande, escalfar las peras en el vino, la mitad del coñac, una cucharada sopera de azúcar y la rama de canela, durante unos 45 minutos, o hasta que se ablanden. Escurrir las peras y conservar el jugo. Poner la oca en una bandeja para servir. Espumar la grasa del jugo de la cacerola y llevar a ebullición. Agregar la harina y cocer hasta que se dore ligeramente, y añadir entonces el resto del coñac. Agregar el jugo de las peras y hervir hasta que se reduzca bien. Sazonar al gusto. Poner las peras en una

bandeja para el horno, cubrirlas con el resto del azúcar y hornearlas en el grill a temperatura muy alta, hasta que el azúcar se caramelice. Colocar las peras alrededor de la oca y echar la salsa por encima.

NOTA Es mejor preparar este plato con peras pequeñas y firmes. También se puede sustituir la oca por el pato en esta receta.

Pollo en escabeche

4-6 raciones
1,5 kg de pollo
60 ml de aceite de oliva
3 dientes de ajo, pelados
1 cucharadita de pimienta negra en grano

1 hoja de laurel molida
1 cucharadita de sal
625 ml de vino blanco seco
180 ml de vino blanco o vinagre de sidra
1 limón cortado a rodajas

Cortar el pollo en cuatro trozos. Secarlo con papel de cocina y freírlo en abundante aceite hasta que adquiera un ligero tono dorado, pero sin dejar que la piel quede crujiente. Ponerlo en una cazuela, que no sea de aluminio, y añadir el resto de ingredientes. Llevar a ebullición y bajar inmediatamente el fuego. Cocer a fuego lento durante al menos una hora. Dejarlo enfriar y ponerlo en una cazuela de barro o de cristal, taparlo con film transparente y guardar en el frigorífico. Servir frío, acompañado de un poco del jugo de la cocción.

Higaditos de pollo

4-6 raciones
625 g de higaditos de pollo
2 cebollas grandes, peladas
60 ml de aceite de oliva

250 ml de vino blanco seco
2 cucharadas soperas de brandy
sal y pimienta
1 guindilla seca pequeña, picada

Partir los higaditos por la mitad y reservar. Cortar una cebolla a rodajas muy finas y picar la otra. Ponerlas en una cazuela con aceite de oliva, y saltearlas durante 5-6 minutos. Añadir los higaditos y saltearlos a fuego medio, o bien asarlos en el horno a 180°, hasta que estén listos. Remover y calentar un poco más, pero con cuidado de no recocerlos demasiado, o se endurecerán y adquirirán un sabor amargo. Servir en la cazuela, acompañados de pan.

Pato con higos

4-6 raciones
250 g de higos secos
250 ml de jerez seco
1 pato de 2,5 kg, listo para rustir
1 cebolla pequeña, cortada a cuartos

1 clavo entero
1 naranja grande
sal y pimienta
2 cucharadas soperas de licor de naranja

Marinar los higos toda una noche en el jerez, o bien, si se dispone de menos tiempo, hervirlos a fuego lento en el jerez con 125 ml de agua durante 15 minutos.

Cortar el pato por la mitad, longitudinalmente, a los dos lados del espinazo. Poner el espinazo, el cuello, las alas y los muslos en una cacerola, cubiertos con agua. Añadir la cebolla, el clavo y una tira de mondadura de naranja, y llevar a ebullición. Bajar el fuego y cocer a fuego lento durante media hora. Colar. Cortar el pato en cuatro trozos y colocarlos, con la piel hacia arriba, en una cazuela para el horno. Salpimentar generosamente. En el horno, precalentado a 200º, rustir el pato durante 30 minutos. Espumar el exceso de grasa acumulada. Agregar los higos con el líquido, y 500 ml del caldo del pato colado. Rustirlo a 150º durante

media hora más, o hasta que el pato esté tierno.

Retirar el pato y los higos, y mantenerlos calientes. Hervir la salsa en la cazuela hasta que quede bien reducida, y triturarla con una batidora. Añadir seis higos y seguir batiendo, hasta que se forme una crema fina. Agregarla a la bandeja y cocerla a fuego lento durante 2-3 minutos. Salpimentar al gusto, añadir el zumo exprimido de la naranja y el licor de naranja, y cocer durante 2-3 minutos más. Servir el pato con la salsa por encima y con el resto de higos como acompañamiento.

Codornices en hojas de parra

4 raciones
8 codornices pequeñas
sal y pimienta
2 cucharadas soperas de aceite de oliva
24 uvas blancas grandes, sin semillas
8 lonchas finas de jamón serrano o del país
16 hojas de parra

125 ml de caldo de pollo
125 ml de jerez seco
1 cucharada sopera de coñac
4 rebanadas de pan blanco, sin corteza
aceite vegetal o de oliva, para freír
uvas negras o rodajas de naranja para decorar

Lavar, secar y salpimentar las codornices. Dorarlas en aceite y retirarlas del fuego. Saltear las uvas durante unos segundos en el mismo aceite y colocar tres en cada una de las cavidades de las codornices. Cubrir cada una de las pechugas con una loncha de jamón. Aclarar, escurrir y secar las hojas de parra, y untarlas con aceite de oliva. Extender dos hojas juntas, ligeramente superpuestas, con los nervios hacia dentro. Poner una codorniz en el centro y envolverla, dejando los extremos de las patas fuera. Atar con una cuerda.

Repetir con el resto de hojas y codornices. Colocar las codornices envueltas en una cazuela para el horno y añadir el caldo. Rustir en el horno precalentado a 200° durante 20 minutos. Retirar las codornices, y reservarlas, manteniendo su temperatura.

Añadir el jerez y el coñac a la cazuela y cocer a fuego vivo hasta que se reduzcan bien. Sazonar al gusto. Cortar el pan en diagonal y freírlo en aceite hasta que se dore. Escurrir bien. Colocar una codorniz sobre cada trozo de pan. Servir la salsa por separado, y adornar con las uvas negras frescas o las rodajas de naranja.

Carnes

Ternera con naranja

6 raciones
750 g de redondo o lomo de ternera
1 cucharadita de sal
2 dientes de ajo, machacados
2 cucharadas soperas de aceite de oliva
1 cebolla mediana, cortada a rodajas
2 naranjas grandes y dulces
1 rama de canela, de unos 2,5 cm
1 clavo
4 granos de pimienta negra
2 hojas de laurel
1 ramita de perejil
250 ml de caldo de carne
75 g de aceitunas verdes pequeñas

Sazonar la carne con la sal y el ajo machacado. Dorarla en un poco de aceite, y ponerla en una cazuela. Dorar la cebolla en el aceite restante y colocarla alrededor de la carne. Con un pelador, pelar las naranjas y cortar la mondadura a tiras. Exprimir el zumo y añadirlo a la cazuela, junto con la piel, las especias y las hierbas. Agregar el caldo, tapar y guisar durante una hora. Añadir las aceitunas y seguir guisando durante 15-20 minutos, o hasta que la carne quede bien tierna.

Retirar la carne y descartar las hierbas y el clavo. Cortar la carne a rodajas y ponerla en una bandeja para servir. Hervir la salsa hasta que espese y repartirla por encima de la carne.

Chuletas de cordero a la Navarra

4 raciones
12 chuletas de cordero
2 cucharadas soperas de aceite de oliva
125 g de tocino o de jamón curado
1 cebolla grande, picada
4 tomates maduros, pelados, sin semillas y picados
2 dientes de ajo, picados
sal y pimienta
90 g de chorizo para cocinar, cortado a rodajas finas

En una sartén, freír las chuletas hasta que estén doradas por los dos lados. Retirar y colocarlas en una cazuela para el horno. Cortar el tocino o el jamón a tiras finas y freírlo, junto con la cebolla en el mismo aceite, hasta que ésta quede tierna. Repartir por encima de las chuletas.

Freír el tomate y el ajo hasta que se forme una salsa espesa, y salpimentar. Verterla por encima de las chuletas y rustir en el horno precalentado a 180° durante 25 minutos.

Agregar el chorizo a la cazuela y volver a hornear durante 10 minutos. Servir el plato acompañado de patatas hervidas o fritas.

VARIACIÓN Esta receta también se puede preparar con chuletas de ternera, muslitos de pollo, o carne cortada muy fina y en forma de rollito.

Ternera con alcachofas

4 raciones
**8 filetes finos de ternera, de unos 90 g cada uno
sal y pimienta
75 g de harina de trigo
60 ml de aceite de oliva
1 cebolla mediana, cortada a rodajas muy finas
2 dientes de ajo, picados
400 g de alcachofas en conserva, escurridas y cortadas a cuartos
3 cucharadas soperas de jerez seco
250 ml de caldo de carne o agua**

Salpimentar los filetes y enharinarlos ligeramente, reservando el resto de la harina. Calentar el aceite en una sartén grande y freír la carne a fuego vivo hasta el punto deseado. Retirar del fuego y mantener caliente.

Saltear las alcachofas para calentarlas. Verter el jerez en la sartén y cocinar a fuego vivo hasta que se haya evaporado. Echar 1,5 cucharadas de la harina reservada en la sartén y guisar, removiendo, durante dos minutos. Seguidamente, añadir el caldo o el agua y seguir removiendo, para formar una salsa. Guisar a fuego lento durante dos minutos, sin dejar de remover. Salpimentar y servir la carne con la salsa por encima.

Escudella de pagés

6 raciones
90 g de garbanzos secos, en remojo toda una noche
100 g de alubias blancas secas, en remojo toda una noche
500 g de jarrete de ternera
180 g de tocino u otro jamón curado, cortado a dados
1 hoja de laurel
1 cebolla pequeña, pelada
2,2 l de agua
125 g de morcilla
180 g de chorizo para cocinar

2 patatas grandes, peladas y cortadas a dados
2 zanahorias medianas, peladas y cortadas a dados
1 nabo mediano, pelado y cortado a dados
90 g de hojas de col, picadas
1 cebolla grande, picada
55 g de arroz redondo o de grano corto
55 g de fideos o pasta para sopa (opcional)
1,5 cucharaditas de sal
pimienta negra

Poner los garbanzos en una cacerola con agua, bien cubiertos, y llevar a ebullición. Hervir a fuego lento durante unas dos horas, espumándolos de vez en cuando. Escurrirlos. Poner los garbanzos, las alubias, el jarrete, el tocino, la hoja de laurel y la cebolla pequeña en una olla grande, y llevar a ebullición. Bajar el fuego y hervir durante unas dos horas y media.

Retirar la cebolla y el jarrete, y separar la carne del hueso. Descartar la piel y el hueso y cortar la carne a dados pequeños. Volver a ponerla en la olla con el resto de ingredientes y hervir a fuego lento durante media hora, o hasta que esté tierna. También se puede cocinar en tres ollas; una para el arroz y la pasta con un poco de caldo, otra para las verduras y hortalizas, la morcilla y el chorizo, y la tercera para las legumbres y la carne. Rectificar de sal y servir inmediatamente.

NOTA Es mejor comer este plato el mismo día de su preparación, mientras las hortalizas mantienen su textura. Se puede servir directamente de la olla o separar la sopa de arroz y pasta, las legumbres con la carne y la morcilla y el chorizo con las verduras y hortalizas.

Conejo con guisantes a la menta

4 raciones
2 conejos pequeños, de 625-750 g cada uno
2 dientes de ajo machacados
1/2 cucharadita de pimienta negra
1 cucharadita de tomillo seco
2 cucharadas soperas de mantequilla
4 lonchas de tocino
250 ml de vino blanco seco
300 g de guisantes
2 cucharadas soperas de menta fresca, picada muy fina
sal
1 cucharada sopera de harina de trigo
2 cucharadas soperas de nata doble

Cortar los conejos por la mitad, longitudinalmente. Mezclar el ajo, la pimienta, el tomillo y la mantequilla hasta formar una pasta, y extenderla por el interior de cada conejo. Colocarlos, con el lado de la carne hacia abajo, en una bandeja para el horno, y rustirlos en el horno precalentado a 200° durante 15 minutos. Darles la vuelta y extender una tira de tocino encima de cada trozo. Añadir el vino y rustir a 180° durante media hora más, o hasta que la carne esté muy tierna. Ir echando el jugo por encima del conejo de vez en cuando.

Mientras tanto, hervir los guisantes con la mitad de la menta en agua con un poco de sal, hasta que queden tiernos. Poner el conejo en un plato caliente para mantener su temperatura. Echar la harina en la bandeja para el horno y remover, hasta que adquiera un color más fuerte. Añadir una cantidad del agua de cocción de los guisantes suficiente como para obtener una salsa espesa. Cocinar durante 3-4 minutos y rectificar de sal y pimienta. Añadir los guisantes escurridos, el resto de la menta y la nata. Verter por encima del conejo y servir.

Empanada gallega

6 raciones
MASA
300 g de harina de trigo
1/2 cucharadita de sal
1 cucharada sopera de Pernod
90 ml de aceite de oliva
agua muy fría
RELLENO
2 cebollas grandes, picadas
125 g de lardo
1 pimiento rojo, sin semillas y picado
1 pimiento verde, sin semillas y picado
1 guindilla roja fresca, pequeña, sin
  semillas y picada muy fina

1 diente de ajo, picado muy fino
sal y pimienta
300 g de chorizo para cocinar, cortado a
  tacos
90 g de jamón serrano o del país, cortado
  a tacos
250 g de carne magra de cerdo o ternera,
  cortada a dados
3 huevos duros, pelados y cortados a
  rodajas
2 cucharadas soperas de perejil picado
1 tomate grande, cortado a rodajas finas
1 pellizco de azafrán en polvo
1 huevo batido

Para hacer la masa: Tamizar la harina y la sal, y extenderlas sobre una tabla. Hacer un hueco en el centro y añadir el Pernod y el aceite de oliva, taparlo con la harina y trabajar con las manos. Añadir una cantidad de agua fría suficiente como para formar una pasta razonablemente firme. Trabajar un poco más, envolverla en film transparente y dejar reposar durante al menos una hora. Guardar en el frigorífico.

Para preparar el relleno: En una cacerola, rehogar las cebollas en el lardo a fuego lento, hasta que se ablanden y cambien de color, durante unos 15 minutos. Añadir los pimientos, la guindilla y el ajo y cocinar hasta que se ablanden. Salpimentar al gusto.

Dividir la masa en dos porciones, una ligeramente mayor que la otra. Extender la más grande en un molde hondo, de 25 centímetros. Poner encima el chorizo, el jamón y la carne. Añadir las cebollas y los pimientos fritos, las rodajas de huevo duro y el perejil picado. Utilizar el resto de la masa para tapar la empanada. Fijar los bordes y presionarlos con un tenedor, como decoración. Hacer una pequeña hendidura encima para que salga el vapor.

Mezclar el azafrán con el huevo batido y pintar la parte superior de la empanada. En el horno precalentado a 190°, hornearla durante unos 50 minutos. Cortarla en porciones y servirla caliente, o bien dejarla enfriar sobre una parrilla y guardarla en el frigorífico.

NOTA Se puede hacer una versión rápida de la empanada gallega, preparando el relleno con unos 40 minutos de antelación, exceptuando el huevo duro, y con la masa ya preparada, cortada en dos círculos, uno de 30 centímetros de diámetro y otro de 38. Extender los ingredientes sobre el círculo más pequeño, con el huevo duro encima. Taparla con el otro círculo y unir los bordes. Pintar con huevo batido y hornear a 240° durante unos 18 minutos.

Empanadas valencianas

6 raciones
MASA
300 g de harina de trigo
1/2 cucharadita de sal
1 cucharada sopera de Pernod
90 ml de aceite de oliva
agua muy fría
RELLENO
1 puerro, lavado y picado
1 diente grande de ajo, picado

2 cucharadas soperas de aceite de oliva
2 tomates pequeños, muy maduros,
   pelados, sin semillas y picados
125 g de jamón serrano o del país,
   cortado a taquitos pequeños
2 huevos duros, desmenuzados
1 cucharada sopera de perejil picado
sal y pimienta
1 huevo batido

Preparar la masa como se indica en la página 50 y reservar.

En una sartén, saltear el puerro con el ajo en el aceite, hasta que se ablande. Añadir el tomate y sofreír un poco más. Agregar el jamón, rehogar brevemente y retirar la sartén del fuego. Dejar enfriar.

Mezclar los huevos picados y el perejil con el relleno, sazonando al gusto. Trabajar la masa de forma que quede muy fina y cortar seis círculos. Poner una porción de relleno en un lado de cada círculo, dejando los bordes libres. Con una brocha pequeña, humedecer los bordes con agua. Doblar las empanadas y sellar bien los bordes. Pinchar la parte superior con un tenedor o una brocheta. Pintarlas con el huevo batido y colocarlas en una bandeja para el horno, previamente engrasada. Hornear a 200° durante unos 25 minutos, o hasta que se doren.

NOTA Las empanadas españolas son un barómetro del estilo de vida del país; existe una clase para cada ocasión. La empanada gallega (página 50) es grande, de tamaño familiar. Otras, como las de esta receta, son raciones individuales. Las más pequeñas, las empanadillas (página 2) se toman como tapas en los bares de todo el país. Para preparar empanadillas con esta misma receta, hay que cortar la masa en círculos de seis centímetros (y se obtendrán unas 40 unidades).

Las empanadas se pueden congelar antes de hornearlas, y luego se calientan en el horno durante unos 35 minutos.

Postres y dulces

Churros

5-6 raciones
625 g de harina de trigo
1 pellizco de sal
1 cucharadita de canela
1,5 l de agua
2 l de aceite vegetal suave
185 g de azúcar lustre

Tamizar tres veces la harina en un bol, y añadir la sal y la canela al final. Poner el agua con 125 ml de aceite a hervir a fuego vivo. Cuando arranque el hervor, mezclarla con la harina y trabajarla vigorosamente con una espátula grande de madera, hasta que se hayan deshecho todos los grumos. Tapar y dejar enfriar.

Calentar el aceite en una sartén grande o freidora. No hay que calentarlo en exceso, o los churros se dorarán por fuera y quedarán crudos por dentro. Poner la masa en una manga pastelera, con la boquilla en forma de estrella. Ir vertiendo la masa en la sartén, en tiras de unos 15 centímetros de largo. Freírlas, dándoles dos veces la vuelta, hasta que queden crujientes y doradas. Retirar del fuego, escurrirlas y bañarlas en el azúcar. Servir calientes.

NOTA Los churros son posiblemente la merienda y el desayuno más populares de España, aunque también se disfrutan en otros momentos del día, normalmente con un tazón de chocolate caliente para mojarlos.

Crema catalana quemada

6 raciones
375 g de azúcar
1 rama de canela (de 5 cm)
2 tiras de cáscara de limón (de 13 cm)
6 yemas de huevo
2 huevos

Aclarar con agua caliente seis cazuelitas pequeñas o moldes para flan. Colocarlos en una cazuela para el horno, llena hasta la mitad de agua caliente. En un cazo, hervir dos cucharadas de agua con 90 g de azúcar, hasta que la mezcla se caramelice y adquiera un color oscuro. Verterla rápidamente en los moldes, cubriendo los lados con ayuda de una cuchara. Calentar el azúcar restante con 60 ml de agua en otro cazo. Añadir la rama de canela y la cáscara de limón, y cocer hasta que adquiera una consistencia hebrosa, a unos 120° de temperatura. Descartar la rama de canela y la cáscara de limón y retirar del fuego. Batir las yemas de huevo y los huevos enteros, e ir añadiéndolos a la mezcla caliente, removiendo constantemente para impedir que los huevos cuajen. Colar la crema y repartirla en los moldes.

Hornear a 180°, con el horno precalentado previamente, durante media hora, o hasta que la superficie quede firme al tacto. Refrigerar durante varias horas antes de servir.

Flan

6 unidades
1 l de leche entera
1 rama de canela (de 5 cm)
2 tiras de cáscara de limón (de 13 cm)
8 yemas de huevo
2 cucharadas soperas de harina de maíz
280 g de azúcar lustre

Llevar a ebullición 750 ml de leche, con la ramita de canela y la mondadura de limón. Bajar el fuego y hervir durante cinco minutos. Batir las yemas de huevo con la mitad de la leche restante, y la harina de maíz con la otra mitad. Colar la leche hervida y traspasarla a un cazo de acero inoxidable o de cristal. Añadir rápidamente el huevo, la mezcla de leche y harina de maíz, y 220 gramos de azúcar. Cocer a fuego lento hasta que adquiera la consistencia de una crema espesa.

Repartir la crema en 4-6 cazuelitas o moldes para flan y dejar enfriar a temperatura ambiente. Después, guardar en el frigorífico. Espolvorear el azúcar restante por encima de los flanes y pasarlos por una salamandra, o ponerlos debajo del grill, para caramelizar el azúcar.

NOTA El postre se puede servir con un barquillo como acompañamiento.

Pan de higos

8 raciones
625 g de higos secos
90 g de avellanas tostadas, picadas
30 g de azúcar glas
1 cucharada sopera de mondadura de limón rallada
1-2 cucharadas soperas de Pernod u otro licor anisado
2 cucharadas soperas de chocolate deshecho

Quitar los tallos a los higos, y picarlos muy finos. En un recipiente, mezclar los higos y las avellanas, y espolvorear con la mitad del azúcar glas. Agregar la mondadura de limón y una cantidad de licor suficiente como para que se empape todo bien. Añadir el chocolate derretido y trabajar bien hasta que todos los ingredientes queden bien mezclados.

Tapar una hoja de papel de aluminio resistente con el resto del azúcar glas. Dar a la mezcla de higos una forma cilíndrica con ayuda de una lámina de film transparente untada con un poco de mantequilla. Pasarla al aluminio, envolver y presionar suavemente. Dejar reposar durante al menos dos horas antes de cortar el pan a rebanadas.

VARIACIÓN Dar forma a la mezcla de pequeñas bolas u óvalos, y poner una avellana entera encima, o bien rebozar con semillas de sésamo tostadas.

Glosario

AZAFRÁN La especia más cara del mundo. Los estigmas enteros, o las "hebras" son mejores, ya que el azafrán pierde su delicado aroma al molerlo (y a menudo se le añaden rellenos para abaratar su precio, con lo que termina siendo menos efectivo en la cocina). Tiene la propiedad de conferir a los platos un tono amarillo, que los hace más atractivos visualmente, además del toque de sabor que les otorga. Hay que envolver las hebras en una lámina cuadrada de papel de aluminio y tostarlas ligeramente en el horno o en una sartén seca, antes de molerlas en un mortero, añadiendo un poco de agua hirviendo para liberar el color.

CHORIZO Es el más popular de entre las muchas variedades de embutido curado español. Tiene muchas formas y cada región cuenta con su propia especialidad, que lo distingue del resto.

CODORNICES Las codornices proliferan mucho en España y es fácil encontrarlas en muchos menús españoles. Una codorniz es una ración pequeña, con lo que es mejor contar con dos por cada comensal. Resultan excelentes a la brasa o rustidas. Su carne tiene una textura fina y un sabor suave. Al cocinarlas, es importante mantenerlas húmedas, untándolas con aceite o cubriendo la pechuga con grasa de cerdo.

CONEJO Es muy frecuente encontrar platos a base de conejo en los menús españoles. Se crían como animales domésticos para cocinar, aunque también son animales de caza. Son mejores cuando son jóvenes, con un peso no superior al kilo y medio, cuando su carne es tierna y delicada. Se puede sustituir por pollo en las recetas.

COÑAC Es uno de los brandys más finos. Se somete a una doble destilación justo después de su fermentación, y luego se deja envejecer al menos tres años en toneles de roble. Cuanto más añejo sea, mejor. Su producción se lleva a cabo en los departamentos cercanos a la ciudad de Cognac, en Francia.

HIGOS Esta delicada y deliciosa fruta crece en árboles de formas retorcidas y tronco gris, con hojas anchas y rugosas de un color verde grisáceo. Se pueden comer recién cosechados, con la piel, o troceados en ensaladas, macedonias o acompañando bandejas de queso. Son deliciosos con jamón serrano cortado en lonchas muy finas. Una parte de las cosechas anuales se seca y se prensa.

JAMÓN SERRANO Es el jamón curado español, procedente de las regiones montañosas. Se puede encontrar colgado del techo en muchas tiendas de delicatessen, charcuterías, carnicerías y bares de toda España. Se dejan curar con sal durante varios días, y luego se lavan, se secan y se cuelgan para madurar.

LARDO El lardo es la grasa del cerdo, derretida y clarificada. Es mucho más rica que otras grasas, lo que la hace extremadamente tierna e ideal para utilizar en masas y pasteles. En España se utiliza mucho, aunque se puede sustituir por mantequilla si es necesario, reduciendo la cantidad en un 20-25%.

LEVADURA FRESCA Masa de hongos unicelulares que, a medida que se desarrolla, convierte a los alimentos (a través del proceso de fermentación) en alcohol y dióxido de carbono. Se utiliza para leudar los alimentos. La levadura fresca es mucho más perecedera que la seca. Las células de la levadura seca están vivas, pero permanecen en estado latente hasta que se humedecen.

PERDICES Una de las aves de caza más populares de España. Este pariente del faisán es mejor rustida cuando es joven, y a la brasa cuando es mayor. Media perdiz es una ración individual. Si no se encuentran, se pueden sustituir por pollos pequeños en las recetas.

PERNOD Este popular licor tiene un color amarillento y un sabor amargo, similar al del ajenjo.

PIMIENTOS Existen muchas variedades y se utilizan en innumerables recetas de cocina española, especialmente los rojos (que son los verdes madurados, con un sabor más suave y más dulce).

SALAMANDRA Utensilio de cocina utilizado para dorar, glasear o gratinar los alimentos. Se utiliza habitualmente en platos como la crema quemada, para caramelizar la superficie rápidamente, de forma que la parte inferior siga quedando cremosa.

TERNERA En España se consume mucha más ternera que vacuno. A pesar de proceder también de la vaca, la ternera es más joven, de menos de dos años. Tiene un sabor menos pronunciado y es mucho más tierna, y contiene menos grasa que la carne de animales mayores.

TOCINO Utilizado para añadir sabor a los platos, el tocino es grasa de cerdo, y resulta ideal para los cocidos o para bañar las carnes magras como la ternera. Se emplea crudo o frito, y se puede sustituir por la panceta.

Índice alfabético

EQUIVALENCIAS LATINOAMERICANAS

ACEITUNA: oliva.
AJO: chalote.
ALBAHACA: alábega, alfábega.
ALCACHOFA: alcací, alcuacil.
ALIÑAR: adobar.
ALUBIA: caraota, faba, fréjol, fríjol, habichuela, poroto
AZAFRÁN: bijol, brin.
BACON: tocino.
BONIATO: batata, camote.
CALABACÍN: calabaza, calabacita, pipián, zapallo italiano, zapallito, zucchini.
CARNE DE VACUNO: res.
CEBOLLINO: cebollín.
CERDO: chancho, lechón, marrano, puerco.
CHOCOLATE: cacao.
CHOCOLATE DESHECHO: cocoa.
CHULETA: coteleta.
CLAVO: clavo de olor.

COL: berza, repollo.
EMPANADA: llancha.
ESCALFAR: calentar.
ESCALONIA: echalote, escaluña.
FÉCULA O HARINA DE PATATA: chuño.
GARBANZO: mulato.
GUINDILLA: ají, ají picante, chile, pimentón.
GUISANTE: alverja, arveja, arverja, chícharo, petit pois.
HERVIR: salcochar.
JAMÓN: pernil.
JUDÍA: alubia, caraota, faba, fréjol, fríjol, poroto.
JUDÍA VERDE: bajoca, chaucha, ejote, habichuela, habichuela tierna, poroto verde, vaina, vainita.
LARDO: grasa, manteca.

LIMÓN: citrón.
MANTECA: grasa.
MANZANA: pero, perón.
MEJILLÓN: chorito, choro.
MENTA: hierbabuena
NATA: crema batida, chantilly.
NATA LIQUIDA: crema de leche, crema Nestlé.
PASA: uva pasa.
PATATA: papa
PATO: parro.
PIMENTÓN: chile en polvo, ají color.
PIMIENTO: ají, chile, conguito, chilchote, morrón.
PUERRO: ajoporro, poro, porro, porrón.
RUSTIR: asar.
SOFREÍR: saltar, saltear.
TOMATE: jitomate.

Fotografía de la portada: Pimientos rellenos (ver página 24)
Fotografía de la página 2: Empanadas valencianas (ver página 52)
Fotografía de la página 4: Crema catalana quemada (ver página 56)

Título original: Spanish
Traducción: Paula Gamissans Serna

Primera edición en lengua española 2004

© Editors S.A. en lengua española
Industria s/n Polígono Industrial Sud.
08450 Llinars del Vallès (Barcelona) España
Tel. (34) 93-841-03-51
Fax. (34) 93-841-23-34
E-mail: iberlibro@iberlibroediciones.com

© Copyright 2004 Lansdowne Publishing Pty Ltd
Sydney, Australia

Texto: Jacki Passmore
Texto de la página 24: Richard Tapper
Fotografías: Mike Hallson, Rowan Fotheringham
Fotografía y diseño de la cubierta y de las páginas 12, 14, 15, 25: Vicki Liley
Diseño: Avril Makula
Producción manager: Sally Stokes
Coordinación: Kathleen Davidson

Depósito Legal: B.43.330-2004
ISBN: 84-459-0629-1

Printed in Spain-Impreso en España